Non il possesso della conoscenza, della verità irrefutabile, fa l'uomo di scienza, ma la ricerca critica, persistente e inquieta, della verità.

Karl Popper, Logica della scoperta scientifica, 1934

Come Scrivere un Articolo Scientifico
Una Guida per Giovani Ricercatori

Autori

Gianpiero Greco

Dipartimento di Biomedicina Traslazionale e Neuroscienze (DiBraiN)
Università degli Studi di Bari "Aldo Moro"

Francesco Fischetti

Dipartimento di Biomedicina Traslazionale e Neuroscienze (DiBraiN)
Università degli Studi di Bari "Aldo Moro"

INDICE

Prefazione degli autori .... *iii*

Capitolo I
INTRODUZIONE ALLA SCRITTURA DI UN ARTICOLO SCIENTIFICO

1.1 Obiettivi della guida 3

1.2 Fase preparatoria per la scrittura dell'articolo: il progetto di ricerca 5

Capitolo II
SEZIONI DELL'ARTICOLO

2.1 Quali sono le sezioni di un articolo? 11

    2.1.1 Introduzione 17

    2.1.2 Materiali e Metodi 22

    2.1.3 Risultati 27

    2.1.4 Discussione 28

Capitolo III
COMPLETARE E REVISIONARE L'ARTICOLO

3.1 L'abstract 35

3.2 Titolo dell'articolo 37

3.3 Riferimenti bibliografici 39
3.4 Revisione dell'articolo 42

Conclusione 48
Riferimenti bibliografici 49
Risorse online 51
Indice delle tabelle 53

Prefazione degli autori

Per molti giovani ricercatori è estremamente difficile scrivere articoli scientifici e pochi ricevono una formazione specifica sull'arte di presentare il proprio lavoro di ricerca in forma scritta. Eppure, la pubblicazione è fondamentale per l'avanzamento di carriera, per ottenere finanziamenti, per ottenere qualifiche accademiche o per tutti questi motivi. Tuttavia, ci sono molti giovani studiosi che intendono avvicinarsi al mondo della ricerca ma non hanno un background adeguato ad affrontare la stesura di un manoscritto. Ciò può portare a demotivazione e ad abbandonare le proprie aspirazioni.

Per tale motivo, abbiamo realizzato questa guida con lo scopo di fornire delle linee guida accurate che permetteranno al giovane ricercatore, passo dopo passo, di acquisire le nozioni fondamentali ed un rigore metodologico adeguato alla scrittura del manoscritto. Quindi, abbiamo delineato le sezioni principali che un articolo medio dovrebbe contenere, gli elementi che dovrebbero comparire in queste sezioni e alcuni suggerimenti per revisionare e rendere il manoscritto accettabile per la pubblicazione. Infine, abbiamo inserito una bibliografia di riferimento e alcune risorse online per chi volesse approfondire ulteriormente tutti gli aspetti connessi alla scrittura scientifica.

Siamo certi che questa guida potrà essere utile ai giovani ricercatori in quanto permetterà di affrontare con più serenità la preparazione del manoscritto e di imparare gradualmente la difficile arte della scrittura scientifica.

Capitolo I
INTRODUZIONE ALLA SCRITTURA DI UN ARTICOLO SCIENTIFICO

1.1 Obiettivi della guida

Ogni ricercatore si è trovato di fronte a una pagina bianca a un certo punto della sua carriera, chiedendosi da dove cominciare e cosa scrivere per primo. Descrivere il proprio lavoro di ricerca in un formato comprensibile agli altri e accettabile per la pubblicazione non è un compito facile. Quando si investe molto tempo, energia e spesso denaro nella ricerca, si diventa intimamente ed emotivamente coinvolti. Naturalmente si è convinti del valore della propria ricerca e della sua importanza per la comunità scientifica. Tuttavia, la soggettività che va di pari passo con il coinvolgimento profondo può rendere difficile fare un passo indietro e pensare chiaramente al modo migliore per presentare la ricerca in modo chiaro e comprensibile, in modo che anche altri - probabilmente non esperti del settore - possano apprezzare l'interesse dei vostri risultati.

Ancora oggi, il vecchio adagio "pubblicare o morire" rimane valido. Molti giovani ricercatori si trovano sotto pressione per produrre pubblicazioni scientifiche, al fine di migliorare le loro prospettive di carriera, o per corroborare richieste di finanziamento, o per giustificare precedenti assegnazioni di fondi, o come requisito per qualifiche universitarie come un master o una tesi di dottorato. Tuttavia, spesso i giovani studiosi non hanno molta formazione, se non addirittura nessuna, nell'arte di scrivere un articolo scientifico. Addirittura, per i medici in particolare, il carico di lavoro clinico può essere tale che la ricerca e la scrittura scientifica sono viste come attività secondarie che non costituiscono una priorità immediata, e a cui si può dedicare solo una piccola quantità di tempo su base irregolare. Tuttavia, la concorrenza è già piuttosto agguerrita tra tutti i lavori di buona qualità che vengono presentati alle riviste, ed è quindi di fondamentale importanza che le basi siano corrette, affinché il vostro lavoro abbia una possibilità di successo. Non credete che il vostro lavoro meriti di essere giudicato in base ai suoi meriti scientifici, piuttosto che essere rifiutato per la scarsa qualità della scrittura e la presentazione disordinata e confusa dei dati?

Per questo motivo, vi presentiamo una guida che vi indichi passo dopo passo come scrivere un articolo scientifico nell'ambito delle scienze biomediche (tra cui le Scienze dello Sport e dell'Esercizio fisico in particolare). Inizieremo delineando le sezioni principali dell'articolo, per poi descrivere in modo più dettagliato gli elementi principali che dovrebbero essere presenti in ogni sezione. Forniremo infine alcuni suggerimenti per l'abstract, il titolo dell'articolo e la revisione finale.

Questa guida si propone di aiutare i giovani ricercatori con poca esperienza di scrittura a creare una prima bozza di buona qualità del loro lavoro, che potrà poi essere distribuita ai loro coautori e agli autori senior per un ulteriore perfezionamento, con l'obiettivo finale di ottenere la pubblicazione su una rivista scientifica. La presente guida non ha la pretesa di essere esaustiva sebbene affronti in modo chiaro e accurato il tema della scrittura di un articolo scientifico; tuttavia, per eventuali approfondimenti sulla stesura dei lavori scientifici si rimanda alla lettura di alcuni testi eccellenti (Hall, 2013; Thomas et al., 2012; Zeiger, 1999) e alla consultazione delle risorse online presenti a pag. 48.

1.2 Fase preparatoria per la scrittura dell'articolo: il progetto di ricerca

Prima di iniziare a scrivere la prima parola del vostro articolo, è necessario svolgere un certo lavoro di preparazione. In genere, questo lavoro di base dovrebbe essere già stato svolto quando si arriva alla fase di scrittura, perché serve anche come sfondo al progetto di ricerca (Tabella 1.1) di cui si sta scrivendo. Tutto il tempo investito nella preparazione del protocollo per il vostro progetto è un anticipo sulla stesura dell'articolo che nascerà dal vostro progetto. Probabilmente avete già effettuato una revisione della letteratura per stabilire lo stato attuale delle conoscenze sull'argomento e garantire l'originalità della vostra ricerca durante lo sviluppo del protocollo, e questo può servire per il vostro articolo. È utile, durante la revisione della letteratura, prendere nota dei punti o delle frasi importanti che intendete includere nel vostro articolo, con i relativi riferimenti. Un software per la gestione dei riferimenti (versioni gratuite come Zotero o Mendeley) può essere utile per gestire la grande quantità di riferimenti che probabilmente dovrete sfogliare prima di selezionare i punti più importanti.

Di solito, avrete anche i risultati finali dell'analisi statistica dei vostri dati. Questi costituiranno la base della sezione dei risultati che generalmente dovrebbe essere scritta per prima. Successivamente, si dovrebbero scrivere Discussioni e introduzioni anche contemporaneamente. I metodi possono essere scritti per ultimi oppure durante il periodo di raccolta dati. Ritornando alla sezione Risultati, alcune delle rappresentazioni grafiche serviranno come figure per l'articolo; quindi, è utile evidenziare i risultati più importanti durante la lettura dei risultati per non dimenticare nulla di importante.

Prima di iniziare a scrivere, è necessario identificare la rivista di destinazione in cui si intende presentare la ricerca. Questo avrà conseguenze sulla formattazione, ma soprattutto sull'orientamento del vostro stile di scrittura, poiché la scrittura deve essere appropriata per il tipo di lettore a cui vi rivolgete. Per esempio, vi rivolgete a una rivista specialistica, dove ci si aspetta che i lettori siano esperti del vostro campo (ad esempio Sport Science), o a una rivista di medicina generale, dove i lettori possono essere esperti di altre discipline? Ciò avrà implicazioni sulla quantità e sul tipo di informazioni da includere. Inoltre, occorre tenere conto della politica editoriale della rivista di destinazione. Per esempio, in una determinata area di competenza, alcune riviste privilegiano i lavori che riportano la ricerca di base, mentre altre danno la precedenza alla ricerca applicata. Consigliamo, tuttavia, di verificare che l'argomento del proprio lavoro rientri nell'ambito della rivista scelta, e di conoscere i criteri da considerare per selezionare la rivista adatta; a tale scopo, per approfondimenti, si consiglia la lettura di Suiter e Sarli, 2019.

Tabella 1.1. Linee guida per la realizzazione di un progetto di ricerca.

	PROGETTO DI RICERCA (da condividere con il gruppo di ricerca prima di iniziare lo studio)	
	Linee guida	**Note**
TITOLO	**Indicare un Titolo esplicativo dello studio** (provvisorio)	Es.: Gli effetti di (variabile indipendente) su (variabile dipendente). Oppure iniziare direttamente con "Un intervento di (nome e durata) riduce/aumenta/previene (variabile dipendente misurata/outcome primario) in (popolazione target)".
INTRODUZIONE	**Indicare cosa è conosciuto in letteratura sull'argomento**	Una breve rassegna (background) con citazioni di studi più importanti sul topic.
	Indicare cosa non è conosciuto	Dedurre il gap di conoscenza da colmare con lo studio.
	Identificare il problema	Formulare la domanda di ricerca. Si tratta dell'ipotesi (con punto interrogativo) che si intende dimostrare o confutare ricorrendo alle analisi e al sostegno delle fonti scientifiche.

		Es.: "Un protocollo di intervento di esercizio fisico di 8 settimane potrebbe ridurre la fatica percepita nei pazienti affetti da linfoma?"
	Indicare lo/gli scopo/i (N.B.: Si userà il tempo futuro diversamente dal manoscritto dove si usa il passato in quanto lo studio è stato già effettuato)	Lo scopo dello studio sarà quello di investigare gli effetti di … su …/Gli autori mireranno ad indagare gli effetti di …su …
	Formulare l'/le ipotesi sperimentale/i da testare	Sarebbe la domanda di ricerca senza punto interrogativo. Es.: "Si ipotizza che un protocollo di intervento di esercizio fisico di 8 settimane riduca la fatica percepita nei soggetti affetti da linfoma".
MATERIALI E METODI	**Indicare brevemente i Metodi utilizzati e il Disegno sperimentale** (N.B.: Nella descrizione dei metodi e del disegno di ricerca si userà il tempo futuro diversamente dal manoscritto dove si usa il passato in quanto lo studio è stato già effettuato)	-Partecipanti e disegno dello studio -Procedure (sequenza degli eventi, controllo delle minacce alla validità dello studio, etc…) -Misurazioni (test di valutazione validati da usare) -Protocollo di intervento dettagliato (in caso di esercizio fisico specificare la Frequenza, Intensità, Tempo, Tipo, Volume e Progressione) -Statistiche da utilizzare
BIBLIOGRAFIA	**Inserire la bibliografia**	Inserire le citazioni dell'introduzione e dei metodi

Capitolo II
SEZIONI DELL'ARTICOLO

2.1 Quali sono le sezioni di un articolo?

La stragrande maggioranza delle riviste scientifiche segue il cosiddetto formato "IMRaD" (in inglese: **I**ntroduction, **M**ethods, **R**esults and **D**iscussion), ossia introduzione, metodi, risultati e discussione. Naturalmente, ci sono alcune eccezioni a questa regola e bisogna sempre controllare le istruzioni per gli autori della rivista in cui si intende presentare il proprio articolo per assicurarsi che questo sia effettivamente il formato raccomandato. Per gli scopi di questa guida, tratteremo solo il formato IMRaD, in quanto è il più utilizzato.

Il vostro articolo dovrebbe quindi contenere quattro sezioni (nell'ordine): l'introduzione, i metodi, i risultati e la discussione. Le sezioni dovrebbero rispondere, rispettivamente, alle seguenti domande: "Perché (quale domanda è stata posta)? Come è stato studiato? Che cosa è stato scoperto? E allora (cosa significano i risultati)?". A ciò si aggiungerà l'abstract, che è più o meno un riassunto di queste sezioni principali, e naturalmente il titolo. Alla fine, devono essere presenti l'elenco dei riferimenti bibliografici, le tabelle e le legende delle figure. Infine, possono essere presenti altre sezioni facoltative, come i ringraziamenti, la dichiarazione di conflitti di interesse o i contributi degli autori. Di seguito, esamineremo in dettaglio ciascuna di queste sezioni, delineando i punti principali da tenere a mente durante la loro stesura. Nella tabella 2.1 potrete trovare le linee guida per la stesura delle sezioni del manoscritto che saranno approfondite nei paragrafi successivi.

Tabella 2.1. Linee guida per scrivere correttamente le sezioni del manoscritto.

		Caratteristiche
		L'introduzione deve essere concisa, chiara e non tecnica, le frasi e i paragrafi devono essere brevi. Si raccomandano dai 3 ai 5 paragrafi. Bastano dalle 500 alle 600 (minimo 400 e massimo 700) parole e 5-10 riferimenti bibliografici per scrivere un'ottima introduzione. Portate il lettore passo dopo passo da ciò che è noto a ciò che è sconosciuto. Concludete con la vostra domanda specifica. Conosciuto → Sconosciuto → Obiettivo e Ipotesi. Si utilizza uno stile di scrittura persuasivo.
	Linee guida	**Esempio**
Introduzione	Si inizia descrivendo cosa è conosciuto sull'argomento	I pazienti con linfoma sperimentano un declino psicologico e fisiologico che potrebbe essere invertito con l'esercizio.
	Poi si descrive cosa non si sa. Quali elementi sono ancora oggetto di controversia? Qual è l'esatta lacuna nella conoscenza che il vostro studio dovrebbe colmare? Cita i dati esistenti, in particolare i dati conflittuali che indicano incertezza.	Non è ancora noto se... Ad oggi, non è stato dimostrato... Finora nessuno studio ha analizzato l'effetto di... Ci sono pochi dati validi da quantificare... Gli effetti di .... su ... rimangono poco chiari...

	Scopo/i (endpoint/outcome primario), ipotesi formulata/e (domanda/e di ricerca*). Indica i parametri esatti che progetti di misurare. Indica la popolazione dei partecipanti allo studio. Indica eventuali outcomes secondari.	Pertanto, attraverso uno studio prospettico/osservazionale/trasversale/longitudinale/interventistico miravamo a identificare/investigare/valutare/verificare gli effetti di un protocollo di esercizio fisico di 8 settimane su ... (variabili dipendenti) ... nei pazienti con linfoma. Abbiamo ipotizzato (E' stato ipotizzato) che la somministrazione di ... riduca la fatica percepita nei pazienti affetti da linfoma.
Materiali e Metodi	Caratteristiche	
	Fornire una panoramica chiara di ciò che è stato fatto ed informazioni sufficienti per replicare lo studio (5-15 riferimenti bibliografici). Citare un riferimento per i metodi/misurazioni comunemente usati in modo da non dare ulteriori spiegazioni dettagliate. Visualizzare in un diagramma di flusso o in una tabella, ove possibile. Usare sia la forma passiva o attiva indifferentemente in questa sezione. Usare uno stile di scrittura descrittivo. Rispondere alle domande: chi, cosa, dove, come e perché?	
	Linee guida	**Esempio**
	Dividere in sezioni più piccole con sottoparagrafi.	-*Disegno dello studio*: es. randomizzato-controllato, trasversale, analitico osservazionale; descrizione endpoint/outcome primario e secondario; assegnazione dei soggetti ai gruppi o alle condizioni.

		-*Partecipanti/soggetti*: es. caratteristiche demografiche e antropometriche, criteri di inclusione/esclusione, analisi della potenza statistica a priori per la dimensione del campione, procedure di randomizzazione (registrazione dello studio), consenso informato, approvazione del comitato etico. -*Procedure*: dove è stata condotta la ricerca, sequenza cronologica degli eventi, intervalli tra i diversi aspetti della ricerca (pre-test, trattamento, post-test), controlli adoperati per evitare eventuali distorsioni durante la valutazione e la manipolazione, e quindi le minacce alla validità della ricerca. -*Strumenti/Misurazioni*: Registrazione dei dati sperimentali delle variabili dipendenti misurate; i test di valutazione devono essere validati (mettere la citazione) e affidabili (eseguire il test appropriato di affidabilità, ad es. Coefficiente di correlazione intraclasse o alpha di Cronbach). -*Intervento/Protocollo sperimentale*: studi prospettici, longitudinali…; descrivere dettagliatamente il protocollo di intervento. -*Analisi Statistica*: tecniche statistiche appropriate per il disegno utilizzato nello studio, eventuali test post hoc, interpretazione dell'Effect size, livello di significatività statistica *p* fissata a priori. N.B.: Alcune sottosezioni si potrebbero adattare alle caratteristiche dello studio: partecipanti e disegno potrebbero essere descritti insieme così come partecipanti e procedure, etc…
		**Caratteristiche**
Risultati		Risultati ≠ Dati grezzi La sezione dei risultati deve riassumere cosa mostrano i dati analizzati. Usare uno stile di scrittura descrittivo.
		Linee guida
		Suddivisione in sottosezioni, con intestazioni (se necessario). Completare le informazioni già presenti nelle tabelle e nelle figure. Evitare di ripetere semplicemente i numeri che sono già disponibili in tabelle e figure.

Fornire valori precisi che non sono disponibili nella figura.
Riportare la variazione percentuale se nella tabella vengono forniti valori assoluti.
Ripetere/evidenziare solo i numeri più importanti.
Non dimenticare di parlare di risultati negativi e di controllo.
Riservare il termine "significativo" a statisticamente significativo.
Riservare informazioni su ciò che hai fatto per la sezione metodi.
Non discutere le motivazioni delle analisi statistiche all'interno della sezione Risultati.
Riservare i commenti sul significato dei risultati per la sezione di discussione.
Non inserire riferimenti bibliografici!

Titolo della Tabella
• Identificare l'argomento specifico.
• Utilizzare gli stessi termini chiave nel titolo della tabella, nelle intestazioni delle colonne e nel testo dell'articolo.
• Sii breve!
• Esempio: "Caratteristiche descrittive dei due gruppi di trattamento, Media ± DS o N (%).

Note a piè di pagina della tabella
• Utilizzare simboli in apice per identificare le note a piè di pagina, secondo le linee guida della rivista
- Una serie standard è: *, †, ‡, ¶, **, #, ††, etc.
• Utilizzare le note a piè di pagina per spiegare le differenze statisticamente significative
- Ad esempio, *p<.05 rispetto al controllo mediante ANOVA
• Utilizzare le note a piè di pagina per spiegare dettagli sperimentali o abbreviazioni
- Ad esempio, EDI sta per Eating Disorder Inventory (riferimento)
- L'amenorrea è stata definita come 0-3 periodi all'anno

Legenda delle figure
• Consente alla figura di stare in piedi da sola
• Potrebbe contenere:
- Breve titolo
- Dettagli sperimentali essenziali
- Definizioni di simboli o modelli di linee/barre
- Spiegazione dei pannelli (A,B,C,D, ecc.)
- Informazioni statistiche (test utilizzati, p-value)

	Caratteristiche
Discussione	Gli studi presentati nell'introduzione saranno commentati, criticati e confrontati con i risultati del proprio studio e con altri studi precedenti. Questa sezione deve essere scritta con uno stile di scrittura interpretativo. Usa la forma attiva.
	Linee guida
	La sezione di discussione dovrebbe contenere le seguenti informazioni: 1. Riassumere i risultati principali e poi i risultati secondari in relazione alle finalità di studio (Inizia con: "Abbiamo trovato che..."). Spiegare cosa significano i dati (fare un quadro generale). Indicare se i risultati sono nuovi. 2. In che modo lo studio supporta o critica le conoscenze attuali? Confrontare i risultati con gli studi precedenti (ulteriori 10-20 riferimenti bibliografici). Discutere su come le scoperte supportano o sfidano il paradigma. 3. Quali sono i punti di forza/limiti dello studio? Anticipare le domande/critiche dei lettori/revisori. Spiegare perché i risultati sono robusti. Descrivere le limitazioni non generiche. 4. E allora? (Spiegare le implicazioni dello studio. Spiegare ai lettori perché dovrebbero interessarsi allo studio). Quali sono le conseguenze dello studio? Quale direzione dovrebbe prendere il lavoro di ricerca in questo settore? (Direzioni/implicazioni future). Raccomandare studi di conferma della scoperta. 5. Messaggio da portare a casa (riformulare le conclusioni principali e la novità dell'articolo in base alla letteratura corrente per aiutare i lettori a capire meglio come questo articolo sia diverso da altri già pubblicati).

*La domanda di ricerca possiamo considerarla come l'ipotesi sperimentale (o alternativa in contrapposizione all'ipotesi nulla) in forma interrogativa. Esempio: se l'ipotesi è " E' stato ipotizzato che un protocollo di intervento di 8 settimane composto da un programma di allenamento multicomponente riduca la fatica percepita nei pazienti con il linfoma", allora la domanda di ricerca che lo studioso si pone dopo l'analisi della letteratura scientifica potrebbe essere "un protocollo di intervento di 8 settimane composto da un programma di allenamento multicomponente potrebbe ridurre la fatica percepita nei pazienti con il linfoma?"

2.1.1 Introduzione

L'introduzione è di primaria importanza per catturare l'attenzione del lettore. In particolare, durante il processo di revisione, l'introduzione deve far sì che il revisore venga attratto dalla voglia di leggerla e che pensi quanto l'argomento del manoscritto sia interessante ed importante per la scienza. In questa sezione, quindi, spiegherete perché avete intrapreso il vostro studio, cosa volevate ottenere con esso e come questo costituisca un'utile aggiunta al corpus di evidenze esistenti su questo argomento.

Dovreste iniziare spiegando brevemente, utilizzando riferimenti appropriati, ciò che è già noto sull'argomento. Dovreste poi restringere un po' il campo e identificare le aree in cui c'è ancora un po' di incertezza, citando, se necessario, tutti i dati precedenti (e possibilmente in conflitto). Questo porterà logicamente alla descrizione di una lacuna esplicita nella conoscenza che il vostro studio spera di colmare. Questo è un elemento essenziale per giustificare l'utilità del vostro lavoro. Dopo aver spiegato in che modo il vostro studio contribuirà in modo nuovo e utile, dovrete indicare chiaramente gli obiettivi della ricerca e la vostra ipotesi di lavoro/sperimentale.

Nel contesto, le ragioni che vi hanno spinto a intraprendere la vostra ricerca devono essere chiare al lettore e giustificate dallo stato delle conoscenze scientifiche con riferimenti appropriati. Non è necessario citare tutti gli articoli della letteratura sull'argomento;

è sufficiente un'attenta selezione delle pubblicazioni più pertinenti. Allo stesso modo, non è necessario affermare verità universali che possono apparire troppo semplicistiche o scontate. Tuttavia, si dovrebbe cercare di raggiungere un giusto equilibrio tra informazioni di base rilevanti e dettagli eccessivi. A questo proposito, è necessario tenere presente il pubblico a cui ci si rivolge. Ciò dipenderà dal profilo dei lettori della rivista in cui intendete presentare la vostra ricerca, come già detto. Se vi rivolgete a una rivista specializzata, il vostro background può essere più dettagliato e tecnico rispetto a chi si rivolge a un pubblico di non specialisti del settore.

L'introduzione deve seguire un ragionamento logico-deduttivo e portare all'identificazione della lacuna di conoscenza che si spera di colmare e alla formulazione dell'ipotesi/domanda di ricerca da cui partirà il ragionamento logico-induttivo che, attraverso l'uso di una metodologia rigorosa e della statistica inferenziale, vi porterà a confermare o confutare la vostra ipotesi e quindi dimostrare o meno la vostra teoria. Questa è l'occasione per dichiarare il valore aggiunto del vostro studio, o le nuove informazioni che il vostro studio produrrà. I vostri risultati sfideranno il paradigma? Aiuteranno la comunità scientifica in generale a raggiungere un consenso su un argomento precedentemente controverso, fornendo prove concrete in una direzione o nell'altra? Questa è l'occasione per rendere interessante il vostro articolo, utilizzando uno stile di scrittura persuasivo.

Per quanto possibile, cercate di evitare di deviare dall'argomento in questione. Ogni frase deve avere uno scopo. Molte riviste prevedono un limite alla lunghezza dell'introduzione, con un numero massimo di parole o pagine consentite, quindi dovrete rimanere concentrati. È necessario controllare attentamente le istruzioni per gli autori della rivista di riferimento per trovare eventuali indicazioni sulla lunghezza appropriata dell'introduzione. In assenza di raccomandazioni esplicite, si ritiene che l'introduzione debba essere di circa una pagina. Ricordatevi che non è una rassegna della letteratura esaustiva e bastano 500-700 parole e 5-10 riferimenti bibliografici per un'eccellente introduzione.

La formulazione dell'obiettivo è di fondamentale importanza e occorre dedicare il tempo necessario a rifletterci attentamente. L'obiettivo deve essere esplicitamente dichiarato e deve includere l'esatto parametro che si intende valutare e con quali mezzi. L'obiettivo dello studio indicato nell'articolo è lo stesso formulato nel protocollo di studio; non dimenticate che ogni progetto di ricerca deve essere scritto prima di iniziare! (vedi Tabella 1.1). È utile scegliere una formulazione per l'obiettivo e utilizzare la stessa in tutto l'articolo, cioè nell'introduzione, nei risultati, nella discussione, nell'abstract e, in parte, anche nel titolo. Non temete di apparire ripetitivi; la ripetizione non è necessariamente una cosa negativa in un articolo. Dimostra almeno al lettore che si sa di cosa si sta parlando e l'uso degli stessi termini in tutto l'articolo evita qualsiasi confusione. Nella tabella 2.1 sono descritte le linee guida per la stesura della presente sezione "Introduzione".

Infine, una parola sulla forma da utilizzare nell'introduzione. Per molti ricercatori l'inglese non è la loro lingua madre e questo rappresenta un'ulteriore difficoltà nel processo di scrittura che deve essere superata. Per coloro che non hanno la fortuna di avere a disposizione traduttori o redattori scientifici, è consigliabile guardare a pubblicazioni importanti su riviste di buona qualità per trovare esempi del formato desiderato. Nella Tabella 2.2 sono riportati i suggerimenti per i tempi verbali da utilizzare nelle sezioni del manoscritto.

Tabella 2.2. Suggerimenti per l'uso dei tempi verbali nella scrittura delle sezioni del manoscritto.

Sezione	Scopo	Tempo	Esempio
Introduzione	Descrivere lo stato attuale della conoscenza	Presente	Il cancro è un importante problema di salute pubblica in tutto il mondo.
	Descrivere le scoperte precedentemente pubblicate da altri	Passato	Smith et al. **hanno dimostrato** che l'esercizio fisico può migliorare il tasso di sopravvivenza dopo la diagnosi di cancro al seno.
	Formulare lo scopo	Passato/imperfetto	**Miravamo a/volevamo** investigare gli effetti di ...

	Formulare l'ipotesi	Passato	**Abbiamo ipotizzato** che ...
Materiali e Metodi	Descrivere i metodi	Passato	**Abbiamo misurato** le pliche; Le pliche **sono state misurate**. (Si può utilizzare la forma attiva o passiva indifferentemente)
	Descrivere come i dati sono presentati nel manoscritto	Presente	I dati **sono mostrati** come medie ± DS
Risultati	Descrivere i risultati	Passato	**Abbiamo scoperto che**... Il tempo medio di ... **è stato**... Le donne **erano** più propense a... Gli uomini **fumavano** più sigarette rispetto a....
	Affermazioni come cosa mostrano le tabelle e cosa i dati suggeriscono	Presente	La figura 1 **mostra**... I risultati **confermano**...
Discussioni	Quando si fa riferimento ai dettagli dello studio, ai risultati e alle analisi	Passato	**Abbiamo scoperto che**... I partecipanti **potrebbero aver sperimentato**... Miller et al. **hanno dimostrato**... (Si deve utilizzare la forma attiva!)
	Quando si parla di ciò che i dati suggeriscono	Presente	La maggiore perdita di peso **suggerisce**... Le possibili spiegazioni **includono**...

2.1.2 Materiali e Metodi

L'obiettivo della sezione "materiali e metodi" è quello di descrivere esattamente ciò che si è fatto e come, in modo sufficientemente dettagliato da consentire al lettore/ricercatore, con le stesse risorse a disposizione, di riprodurre il vostro studio. Per ogni risultato che si intende includere nella sezione dei risultati deve essere descritto un metodo, cioè non si possono presentare i risultati di un test o di un'analisi non menzionati nei metodi. Al contrario, se i dettagli di alcune o tutte le procedure sono stati precedentemente pubblicati altrove, sarà sufficiente un breve riassunto, accompagnato da un riferimento alla pubblicazione pertinente. Generalmente in questa sezione si utilizzano 5-15 riferimenti bibliografici.

Si dovrebbe iniziare specificando il disegno dello studio (prospettico/retrospettivo, randomizzato o non randomizzato, in singolo o doppio cieco, controllato, crossover, fattoriale...); per approfondimenti si suggerisce di consultare le seguenti fonti bibliografiche: Chidambaram e Josephson (2019), Gnisci e Pedon (2016) e Shadish et al. (2002). Qualsiasi scelta di metodologia insolita per il disegno dello studio deve essere giustificata, sia con riferimenti appropriati o linee guida, sia con una spiegazione del contesto specifico che richiede il vostro particolare approccio. Seguirà la descrizione di chi o cosa è stato studiato, cioè la popolazione di studio (animali, soggetti umani, cellule...). Per la stragrande maggioranza dei ricercatori nelle scienze biomediche, così come nelle scienze dell'esercizio fisico, la popolazione di studio comprenderà soggetti umani, e quindi l'inclusione e la non inclusione devono essere dettagliati. Devono essere delineate anche le procedure per l'identificazione dei pazienti/partecipanti idonei (criteri di inclusione/esclusione).

Va notato che per gli studi retrospettivi, i metodi devono iniziare con una descrizione dei dati di partenza dello studio, vale a dire i criteri di inclusione ed esclusione e il numero finale di cartelle cliniche e/o pazienti selezionati. Per gli studi prospettici, invece, i metodi devono descrivere i criteri di inclusione ed esclusione, ma il numero finale di pazienti inclusi è considerato un risultato e, pertanto, deve essere indicato nella sezione dei risultati e non nei metodi.

Dopo aver descritto la popolazione dello studio, si può procedere a descrivere tutti i metodi utilizzati per misurare tutti i principali parametri registrati nello studio. È necessario specificare gli outcomes primari e secondari (variabili dipendenti), con i metodi utilizzati per misurarli. Questo aspetto è assolutamente fondamentale, poiché la scelta dell'outcome primario è determinante per il successo dello studio. È l'unico criterio che consente di trarre conclusioni formali sull'esito dello studio e, pertanto, deve essere selezionato con cura. Anche in questo caso, questo punto sarà già stato considerato in modo approfondito durante la fase di pianificazione. Questo sottolinea ancora una volta come la stesura dell'articolo sia notevolmente facilitata da un'adeguata discussione e riflessione nella fase di pianificazione del progetto di ricerca (vedi paragrafo 1.2 e tabella 1.1).

Tornando ai metodi, ogni esame del sangue, intervento, operazione, questionario, tecnica di imaging, protocollo di esercizio fisico, etc. deve essere dettagliato, fornendo, se necessario, i dettagli del produttore (nome del produttore, città e paese dell'azienda) per qualsiasi apparecchiatura o test specifico utilizzato. Si possono usare brevi frasi per spiegare il motivo di ogni misurazione. I sottotitoli possono essere utili anche per separare la sezione dei metodi in sottosezioni pertinenti.

Nella sezione dei metodi deve essere inclusa una breve nota sulle considerazioni etiche, indicando brevemente che per lo studio è stata ottenuta l'approvazione del comitato etico (o, in caso contrario, spiegandone il motivo). È inoltre necessario confermare che è stato ottenuto il consenso informato scritto da tutti i soggetti, o da un loro parente stretto. Nel caso di studi clinici randomizzati, è consigliabile indicare anche che lo studio è stato registrato presso un database di studi clinici approvato (ad esempio, www.clinicaltrials.gov), citando il numero di registrazione. La maggior parte delle riviste richiede di specificare il nome del comitato etico e la data di approvazione, e alcune possono anche richiedere l'indicazione del numero di fascicolo. Possono esserci anche raccomandazioni diverse su dove inserire tutte queste informazioni. Anche in questo caso, si consiglia di consultare le istruzioni per gli autori della rivista di riferimento.

Infine, l'ultimo paragrafo della sezione "metodi" deve descrivere in dettaglio l'analisi statistica. Le dichiarazioni standard sulla presentazione dei dati devono essere presentate per prime; per esempio, i dati quantitativi, distribuiti normalmente, sono presentati come media e deviazione standard o mediana e range interquartile per i dati a distribuzione non normale, e i dati qualitativi come numero (percentuale). Successivamente, si elencano gli approcci statistici specifici utilizzati: quale test per quale tipo di variabile, tipo di analisi multivariata e le variabili che sono state utilizzate, etc…

È possibile includere la giustificazione della dimensione del campione, cioè l'analisi della potenza statistica a priori, indicando la dimensione dell'effetto che ci si aspetta di osservare e i rischi alfa e beta, quindi la potenza statistica che è uguale ad 1-beta, utilizzati per i calcoli (con il software gratuito G*Power, Faul et al., 2007). È necessario includere anche il livello di significatività delle analisi (generalmente a $p \leq 0.05$) e il software utilizzato (JMP SAS, SPSS IBM o il software gratuito open source JASP, https://jasp-stats.org). Le analisi di sottogruppo previste devono essere dettagliate in questo paragrafo, per evitare potenziali critiche su studi post-hoc in sottogruppi non predefiniti. Va ricordato che le analisi di sottogruppo pianificate hanno un impatto sul calcolo della dimensione del campione e l'uso di analisi multiple può richiedere la correzione di Bonferroni (oppure Holm, Tukey, Scheffe …) per garantire che il rischio alfa non sia gonfiato.

Queste considerazioni - anche in questo caso, precedentemente elaborate durante lo sviluppo del progetto - devono essere dettagliate nella sezione dedicata all'analisi statistica. Se siete adeguatamente qualificati in metodologia e statistica, questa sezione non vi creerà alcun problema. Se siete meno a vostro agio con la statistica, il vostro progetto ha sicuramente avuto il supporto metodologico di un metodologo e/o di uno statistico qualificato, quindi potete sollecitare il loro contributo per questa sezione del manoscritto, al fine di garantire l'accuratezza e l'esaustività. Se volete cimentarvi nello studio della statistica, o almeno per comprenderne i metodi ed i concetti principali, esistono risorse online (sportsci.org/resource/stats/index.html) e libri da consultare e studiare (Ntoumanis & Myers, 2016; O'Donoghue, 2012; Peacock et al., 2017; Daniel & Cross, 2013: ebook gratuito online scaricabile da qui: faculty.ksu.edu.sa/sites/default/files/145_stat_-_textbook.pdf).

Nella Tabella 2.1 sono riportate le linee guida utili per la stesura della sezione "Materiali e metodi" del vostro manoscritto. Per quanto riguarda il tempo da utilizzare per la scrittura, i metodi dovrebbero essere descritti principalmente al passato, cioè abbiamo eseguito, abbiamo registrato, abbiamo misurato, abbiamo testato... (vedi tabella 2.2).

2.1.3 Risultati

Lo scopo della sezione dei risultati è quello di descrivere ciò che si è osservato, senza commenti o discussioni. Non è più necessario descrivere i metodi; questo è già stato fatto nella sezione dei metodi, quindi è sufficiente fornire i risultati. Inoltre, non si inseriscono riferimenti bibliografici. Il lettore ricorderà quali metodi sono stati utilizzati se legge con attenzione la sezione dei metodi. Non è nemmeno necessario commentare o interpretare, per cui frasi come "sorprendentemente" o "interessante" sono generalmente considerate fuori luogo nella sezione dei risultati. È necessario descrivere un risultato per ogni metodo descritto nella sezione dei metodi e, per rendere il manoscritto più facile da seguire e da leggere, è buona norma presentare i risultati nello stesso ordine dei metodi. Allo stesso modo, l'uso di sottotitoli (cioè gli stessi usati nella sezione dei metodi) può aiutare a suddividere i risultati in sezioni facili da seguire.

Un tipico paragrafo sui risultati dovrebbe iniziare ricordando il tipo di analisi (ad esempio, "l'analisi della varianza ad due vie ha rivelato che..."), quindi dettagliare i risultati osservati, facendo riferimento alle tabelle o alle figure pertinenti (ad esempio, "il numero di lesioni era significativamente più alto nel gruppo A rispetto al gruppo B"). Per quanto riguarda i metodi, i risultati devono essere presentati al passato (imperfetto): ad esempio, "la creatinina sierica era correlata alla velocità di filtrazione glomerulare".

Uno dei maggiori problemi dei ricercatori quando scrivono la sezione dei risultati è se descriverli nel testo o se utilizzare una tabella o una figura. Sebbene non esistano regole rigide in merito, in generale i risultati che possono essere facilmente descritti in una o due righe possono essere scritti nel testo. Le tabelle dovrebbero essere utilizzate per dati come le caratteristiche basali, gli esiti, i trattamenti, quando le stesse variabili sono descritte per due o più gruppi. Le tabelle, inoltre, contengono generalmente i risultati più importanti e, da sole, dovrebbero essere sufficienti a dare al lettore un'idea chiara dei risultati ottenuti. Le figure sono utili nei casi in cui i dati sono troppo complessi per essere presentati o non sono facilmente interpretabili. Le relazioni e le tendenze si prestano a essere presentate graficamente nelle figure. A seconda della rivista di riferimento, potrebbe esserci un limite al numero totale di illustrazioni (figure e tabelle) consentite. Fate attenzione anche a non includere troppe illustrazioni, in modo che non perdano di interesse, e soprattutto non ripetete nel testo dati che già compaiono in una tabella o in una figura. Nella tabella 2.1 sono riportate le linee guida per la stesura della sezione "Risultati".

2.1.4 Discussione

La discussione è il momento in cui si interpreta e si spiega il significato dei risultati e come questi si inseriscono nel quadro più ampio di ciò che è già stato osservato e riportato sullo stesso argomento. La discussione deve iniziare con un breve riassunto dei principali risultati dello studio, preferibilmente utilizzando la stessa formulazione utilizzata per l'obiettivo primario (nell'introduzione) e l'outcome primario (nei metodi). A ciò può seguire l'interpretazione dei risultati. Nell'interpretazione fate attenzione a non ripetere semplicemente i risultati o, all'opposto, a non sovra interpretare. Dovete presentare i vostri risultati in modo fattuale; dopo tutto, si tratta di un articolo scientifico, non di un romanzo in prosa. Per esempio, se nei risultati si afferma che "Dopo la somministrazione dell'integratore X, 20 su 25 atleti hanno avuto un aumento delle prestazioni nel salto verticale", allora non è corretto indicare nella discussione che "l'80% dei soggetti che ricevono l'integratore X ha un aumento delle prestazioni nel salto verticale". Si tratta di un sottile cambiamento di interpretazione che smentisce i dati originali. Sarebbe più accurato, ad esempio, suggerire che "i nostri risultati indicano che l'integratore X può avere effetti significativi nell'incremento delle prestazioni di salto verticale".

Mettere i vostri risultati in prospettiva con altri lavori di ricerca è una parte importante della discussione. Si renderà necessario inserire ulteriori 10-20 riferimenti bibliografici oltre ai riferimenti presenti nell'introduzione. Come si confrontano i vostri risultati con quelli di altre pubblicazioni? Se i vostri risultati sono diversi, avete delle spiegazioni plausibili? Quali sono le possibili discrepanze nelle circostanze, nelle popolazioni o negli approcci che possono spiegare perché avete osservato ciò che avete osservato? Qualsiasi risultato particolarmente sorprendente o interessante deve essere discusso e devono essere presentate le possibili spiegazioni. I risultati possono essere estrapolati ad altri contesti o popolazioni e, se no, perché? Se sono state eseguite più analisi o interventi, si dovrebbe andare oltre la focalizzazione sui singoli risultati per spiegare qual è il significato complessivo dei risultati, quando tutti i test o le analisi sono considerati nel loro insieme.

Nel fare questo, vorrete naturalmente descrivere ciò che altri autori hanno riportato in contesti simili, per poterlo confrontare con i vostri risultati. Ricordate che è bene essere diplomatici quando si critica il lavoro degli altri. Invece di sottolineare i punti deboli del lavoro altrui, riformulate in modo da presentare i punti di forza del vostro lavoro: l'implicazione sarà ovvia, senza che dobbiate criticare esplicitamente le pubblicazioni dei vostri colleghi. Per esempio, invece di affermare che "lo studio di Smith era sottopotenziato", è utile usare un tono più morbido e una formulazione più cautelativa, come "lo studio di Smith potrebbe essere stato sottopotenziato", o meglio ancora "il nostro studio ha avuto una sufficiente potenza statistica"… Nel contesto di un confronto diretto, ciò implicherà implicitamente al lettore che lo studio di Smith potrebbe non aver avuto sufficiente potenza. Per i lettori la cui lingua madre non è l'inglese, è necessario prestare attenzione durante la parafrasi per non modificare l'enfasi della frase.

L'ordine in cui vengono citati i risultati o gli elementi di discussione può spostare sottilmente l'enfasi da quella originariamente prevista dall'altro autore. Anche in questo caso, un'attenta rilettura da parte dei coautori e dei ricercatori senior, vi aiuterà a evitare queste insidie.

Quali sono i nuovi risultati del vostro studio? Sottolineare come i risultati ottenuti forniscano nuove evidenze o un nuovo contributo allo stato delle conoscenze, avvalorerà l'importanza del vostro lavoro e il suo valore aggiunto per la letteratura, invece di essere "solo un altro lavoro" su un argomento "logoro". A questo proposito, potete discutere se il vostro articolo è riuscito o meno a colmare la "lacuna nella conoscenza" che avete giustificato nell'introduzione.

Non abbiate paura di scrivere un articolo che riporti risultati negativi. Uno studio ben condotto che non dà risultati positivi è sempre un utile contributo all'attuale corpus di evidenze, e potete discutere adeguatamente le ripercussioni che questo può avere. Ad esempio, può servire a far progredire le conoscenze nel campo mettendo in discussione idee largamente diffuse, o mettendo in discussione risultati precedenti, o rafforzando un piccolo insieme di dati conflittuali che in precedenza potevano essere considerati semplicemente "aneddotici". Se lo studio è stato ben progettato e condotto in modo appropriato, non c'è motivo di credere che i risultati non siano validi, anche se sono negativi.

In termini pratici, potete indicare come i vostri risultati possono influenzare la pratica o lo stato delle conoscenze. Ad esempio, i vostri risultati influenzeranno l'opinione generale in un senso o nell'altro? Potete anche indicare qualsiasi implicazione per la ricerca futura, in particolare le nuove ipotesi che possono essere state generate dalle osservazioni sui vostri obiettivi secondari. Infine, è utile un breve paragrafo che illustri i punti di forza e i limiti dello studio. In particolare, l'enumerazione delle limitazioni presenta diversi vantaggi. In primo luogo, permette ai revisori di vedere che siete consapevoli delle vostre carenze e, in secondo luogo, vi offre l'opportunità di difendervi su questi punti e di spiegare perché la presunta limitazione potrebbe non essere poi così negativa. Nella tabella 2.1 sono riportate le linee guida per la stesura della sezione "Discussione".

Capitolo III
COMPLETARE E REVISIONARE L'ARTICOLO

3.1 L'abstract

L'abstract è un breve riassunto dell'articolo in poche sezioni (di solito background, metodi, risultati, conclusioni). Viene utilizzato per la referenziazione nelle banche dati bibliografiche online (come PubMed) e deve quindi costituire un'unità indipendente, comprensibile come testo a sé stante, senza la necessità di fare riferimento al testo completo. Di solito è anche il primo elemento che un potenziale revisore vede quando viene invitato a recensire il vostro articolo per la pubblicazione su una rivista. Pertanto, è di fondamentale importanza che l'abstract sia sintetico, ma informativo e attraente, per dare al potenziale lettore un assaggio delle informazioni principali e stimolare il desiderio di leggere l'articolo completo. È lo strumento di marketing per eccellenza del vostro lavoro; quindi, vale la pena dedicare un po' di tempo e una riflessione speciale alla sua preparazione (Vrijhoef et al., 2007).

Ci sono alcuni punti principali da tenere a mente per la preparazione dell'abstract, ma lo spazio è limitato, quindi è necessario mantenerlo breve. Le indicazioni principali per la stesura dell'abstract sono riportate nella Tabella 3.1. Se avete dedicato tempo e pensieri sufficienti alla preparazione del vostro progetto e alla stesura dell'articolo che ne deriverà, la preparazione dell'abstract non dovrebbe richiedere molto tempo. È facile trovare una o due frasi nell'introduzione che possono essere riutilizzate nell'abstract (magari con qualche accorciamento). Allo stesso modo, i risultati saranno principalmente copiati e incollati dalla sezione dei risultati dell'articolo. La conclusione può essere formulata come il principale messaggio da trarre dal vostro lavoro (take-home message). In effetti, la parte più difficile dell'abstract è spesso quella di accorciarlo sufficientemente per rientrare nel limite di parole della rivista di riferimento (generalmente da 150 a 250 parole).

Tabella 3.1. Linee guida per scrivere correttamente l'abstract.

Sezione	Linee guida
Background	Un breve richiamo al contesto e una breve dichiarazione dello scopo principale. Dovrebbe essere breve e diretto al punto. Due o tre frasi sono generalmente sufficienti. Identificare la lacuna di conoscenza che si vorrebbe colmare con lo studio.
Metodi	Evidenziare i principali criteri di inclusione per definire la popolazione. Definire i gruppi di studio. Descrivere (molto brevemente) gli interventi o i trattamenti principali. Dichiarare l'endpoint primario/variabili dipendenti misurate. Non avrete spazio per spiegare tutti i metodi in dettaglio, quindi attenetevi ai criteri generali di definizione.
Risultati	Elencare i risultati principali, con medie, odds ratio, valori di *p*, etc. per ciascun gruppo. Elencare prima il risultato dell'endpoint/outcome primario, seguito dagli outcomes secondari. Assicuratevi di aver fornito un risultato per ogni variabile dipendente misurata nella sezione dei metodi. Dovrebbero esserci abbastanza dettagli per sostenere la vostra conclusione.
Conclusione	È sufficiente una brevissima frase per scrivere le conclusioni sintetizzando la principale scoperta ed eventualmente un'altra breve frase con le implicazioni per la ricerca futura, se si dispone di spazio sufficiente.

	La conclusione deve essere direttamente correlata all'obiettivo principale ed outcome primario. Contiene la risposta alla domanda di ricerca e il messaggio da portare a casa.
Bibliografia	Nell'abstract non devono esserci riferimenti bibliografici.
Discussione	Nell'abstract non devono essere presenti discussioni o affermazioni di giudizio (ad es. osservazioni come "Sorprendentemente, abbiamo osservato...".
Figure	Nell'abstract non devono esserci figure, tabelle o altre illustrazioni.
Parole chiave	Per aumentare la probabilità di trovare l'articolo attraverso i motori di ricerca: • Inserire 2-3 parole chiave nelle prime due frasi dell'abstract. • Inserire nel campo "parole chiave" 5-7 parole chiave diverse dalle parole nel titolo.

3.2 Titolo dell'articolo

Ultimo, ma non certo per importanza, è il titolo dell'articolo. Il titolo deve contenere parole chiave che riflettano i temi principali dell'articolo. Dovrebbe anche risvegliare l'interesse del potenziale lettore e suscitare in lui il desiderio di leggere il vostro lavoro per intero. Ricordate che le persone che cercano pubblicazioni su un determinato argomento utilizzano generalmente PubMed/Medline o altri archivi online come google scholar, sciencedirect, etc...; pertanto, il vostro titolo deve contenere alcune parole chiave in modo da poter essere facilmente identificato attraverso gli archivi online. Se il titolo è mal formulato, il vostro lavoro non sarà facilmente identificabile e non sarà mai elencato nei risultati di ricerca di altre persone, con il risultato che il vostro lavoro non sarà mai citato da altre persone perché non lo hanno trovato o letto. Una volta che il vostro titolo è stato identificato ed elencato tra decine, se non centinaia di altri articoli sullo stesso argomento, deve distinguersi dagli altri articoli specificando come il vostro articolo contribuisca alla letteratura o colmi una lacuna nella conoscenza.

Questo può sembrare un compito arduo per un semplice titolo, ma non è così difficile come sembra. Nella Tabella 3.2 sono riportati alcuni suggerimenti per la formulazione del titolo. Per trarre ispirazione, si dovrebbero esaminare i titoli di articoli di riviste prestigiose e molto rinomate (le riviste specialistiche più citate nel proprio campo), ed esempi di titoli efficaci. Tenete presente che la vostra rivista di riferimento potrebbe avere un limite (in termini di numero di parole o caratteri) alla lunghezza del titolo. Anche in questo caso, è più difficile mantenere la brevità del titolo piuttosto che trovare un titolo di 4 righe.

Tabella 3.2. Linee guida per scrivere un titolo di successo.

Linee guida	Esempio
Indicare i fattori studiati	Indicare il nome dell'intervento, es. "Un intervento di esercizio fisico..."
Indicare popolazione/contesto studiato	...in pazienti affetti da linfoma.
Indicare il disegno	Studio randomizzato-controllato, in doppio cieco, cross-over, trasversale, studio di coorte/studio caso-controllo.
Indicare le principali scoperte	Aumenta/riduce/previene.

Mettete al primo posto l'aspetto più importante	Se il focus è sull'intervento, perché è questo che distingue il vostro articolo dagli altri puoi iniziare il titolo con il nome dell'intervento.
Evitare formulazioni imprecise che non hanno uno scopo specifico	Se ci sono degli effetti, non iniziate con "Gli effetti di…" ma dichiarate esplicitamente cosa è stato trovato: "Un intervento di esercizio fisico di 8 settimane ha ridotto la percezione della fatica nei pazienti affetti da linfoma".
Il sottotitolo o running title vengono richiesti direttamente da alcune riviste	È una versione abbreviata del titolo dell'articolo e generalmente non deve essere superiore ai 65 caratteri.
Suggerimento per aumentare la probabilità di trovare l'articolo sui motori di ricerca	Inserire 1-2 parole chiave nei primi 65 caratteri del titolo.

3.3 Riferimenti bibliografici

La sezione dei riferimenti elenca tutte le fonti che avete utilizzato come base per preparare la vostra ipotesi e costruire la vostra ricerca. È vostra responsabilità etica e professionale documentare adeguatamente il vostro lavoro e fornire piena trasparenza nell'identificazione delle vostre fonti. È inoltre indispensabile citare le fonti su cui si basano le vostre ipotesi, per dimostrare che sono effettivamente valide. I riferimenti supportano il vostro lavoro e lo collocano nel contesto di altri studi sullo stesso argomento, fornendo allo stesso tempo una guida per i lettori che desiderano approfondire l'argomento (Bahadoran et al., 2020).

Molti giovani ricercatori hanno difficoltà a capire quando è necessario citare un riferimento. Fondamentalmente, qualsiasi idea o fatto che provenga da un'altra fonte (diversa da voi stessi) deve essere supportata da un riferimento. Tuttavia, non è necessario fare riferimento a verità universali o a fatti ampiamente consolidati (ad esempio, le malattie cardiovascolari sono molto comuni o il cancro è una delle principali cause di morte). Tuttavia, le idee, o più in particolare le frasi o i nomi che sono stati coniati da qualcun altro, devono essere citati (ad esempio, i pazienti con il "segno di McConnell" – l'articolo di McConnell che descrive il segno deve essere citato qui).

Quando si citano i riferimenti, a parte gli articoli specifici che danno il nome a un segno o a un sistema di classificazione come negli esempi precedenti, si deve dare la precedenza agli articoli pubblicati in riviste in lingua inglese, sottoposte a revisione paritaria. Anche la citazione di sezioni di libri pubblicati è accettabile, ma è necessario essere molto specifici ed elencare i nomi e i titoli esatti dei capitoli interessati, con i numeri di pagina, e i nomi degli autori e/o dei curatori del libro, con i relativi dettagli di pubblicazione.

I siti Internet vanno evitati per quanto possibile, così come le comunicazioni personali e i dati non pubblicati. Se si hanno a disposizione diversi riferimenti possibili, si può preferire scegliere quello più recente, o quello pubblicato nella rivista più affidabile e rinomata. Cercate di dare la priorità agli articoli di ricerca originali, piuttosto che alle review (es. systematic, narrative, etc…). Se volete citare un'idea da un articolo in cui gli autori citano già un'altra fonte per la stessa idea, dovete tornare all'articolo originale e verificare l'esattezza di ciò che state citando, quindi citare gli autori originali, non l'articolo intermedio. È vostra responsabilità garantire l'accuratezza di tutti i riferimenti che citate, e spetta a voi fornire dettagli sufficienti affinché un potenziale lettore possa trovare quel documento. Dovete controllare voi stessi l'accuratezza di ogni riferimento, anche di quelli che avete preso da altri articoli pubblicati. Non è compito della rivista di destinazione scegliere di formattare i riferimenti o verificarne l'esattezza.

Per quanto riguarda la formattazione, lo stile con cui devono essere presentati i riferimenti varia a seconda della rivista di riferimento (APA style (Alvaro & Vellone, 2011), Harvard, Vancouver, etc… (link: ncbi.nlm.nih.gov/books/NBK7256)). È necessario seguire le istruzioni per gli autori della rivista su questo punto, con il rischio di veder rifiutato l'articolo se non si seguono le linee guida di stile. Il lavoro di raccolta, archiviazione e formattazione dei riferimenti è stato notevolmente facilitato dall'avvento dei software di gestione bibliografica, di cui esistono molte versioni e tipi diversi, sia gratuiti (es. Zotero, Mendeley) che commerciali (a pagamento). Se avete a disposizione un software di questo tipo, usatelo. Quando preparate il protocollo dello studio e l'introduzione dell'articolo, dovreste annotare man mano i riferimenti utili, annotando la frase o l'idea che volete conservare, con accanto i dettagli esatti del riferimento. Potreste pensare di ricordare dove avete visto una tale scoperta, ma quando avrete letto decine di articoli, la vostra memoria potrebbe iniziare a vacillare e potreste perdere molto tempo a rileggere tutto per trovare un riferimento.

3.4 Revisione dell'articolo

La revisione tra pari o paritaria è un processo che le riviste attuano per poter garantire degli standard elevati di pubblicazione dei manoscritti invitando degli esperti revisori (Goldbeck-Wood, 1998). Revisionare un manoscritto di altri autori, su invito da parte di riviste indicizzate su Scopus e/o WoS, oltre che essere un prestigio, è un'abilità che il giovane ricercatore dovrebbe acquisire dopo aver scritto e pubblicato alcuni manoscritti. Tuttavia, sarebbe utile iniziare a revisionare i propri manoscritti o quelli del team di ricercatori con cui si collabora per iniziare a fare pratica.

Prima di sottoporre il manoscritto ad una rivista scientifica sarebbe necessario controllare la completezza di informazioni presenti nelle quattro sezioni dell'articolo. Una sintesi delle linee guida per la stesura delle sezioni di un articolo è mostrata nella tabella 3.3. Il controllo preventivo è utile per evitare un rifiuto da parte della rivista nella fase di precheck (effettuata dall' Editorial Office) dovuto ad errori metodologici e a ridurre la probabilità di effettuare più revisioni importanti nel tempo.

Tabella 3.3. Sintesi delle linee guida per la scrittura delle sezioni di una manoscritto.

Parte del manoscritto	Linee guida
TITOLO	Il titolo deve indicare intervento, popolazione/contesto, disegno e principale scoperta.
ABSTRACT	Sintetizza l'intero manoscritto. Introduzione, Metodi, Risultati, Conclusioni.
INTRODUZIONE	Spiega l'attuale stato della conoscenza (stato dell'arte). Inserisci i riferimenti bibliografici. Identifica la lacuna in letteratura che vorresti colmare con il tuo studio. Evidenzia gli obiettivi primari e secondari. Formula l'ipotesi sperimentale.
MATERIALI E METODI	Descrivi in dettaglio cosa hai fatto e come. Specifica i criteri di selezioni della popolazione oggetto dello studio. Specifica i test, interventi, analisi, tecniche, … Specifica gli endpoints/outcomes (primari e secondari). Evidenzia le considerazioni etiche (consenso informato, approvazione comitato Etico, …). I metodi statistici devono essere descritti nel paragrafo appropriato.
RISULTATI	Descrivi i risultati dello studio. Evita commenti e interpretazioni. Dai un risultato su ogni variabile misurata nella sezione precedente e nello stesso ordine. Usa illustrazioni appropriate (tabelle e figure).
DISCUSSIONE	Inizia con la ricapitolazione delle principali scoperte. Confronta i tuoi risultati con altri studi in letteratura. Spiega il significato dei risultati e come essi contribuiscono allo stato generale della conoscenza, o come anticipano la conoscenza. Evidenzia punti di forza e limiti dello studio.

RIFERIMENTI BIBLIOGRAFICI	Elenca tutte le fonti usate come base del tuo lavoro. Controlla accuratamente tutte le citazioni.

Nella tabella 3.4 invece sono presenti delle linee guida per la revisione tra pari utili per eventuali inviti a revisionare da parte delle riviste. Nella prima parte viene indicato come procedere alla revisione partendo da commenti generali per poi passare ai commenti specifici. Successivamente si analizzano le varie sezioni del manoscritto per controllare e trovare eventuali aree critiche che necessitano di revisione.

La checklist permette di "leggere" l'articolo dal punto di vista del revisore ponendosi delle domande e quindi è molto utile per revisionare il vostro articolo o quelli del vostro team prima di un eventuale invio alla rivista. Rispondendo alle domande ci si rende conto se nel manoscritto sono state elaborate correttamente e accuratamente tutte le sezioni. Per ulteriori approfondimenti potete consultare alcune risorse online sulla scrittura scientifica e la revisione tra pari (researcheracademy.elsevier.com oppure online.stanford.edu/courses/som-y0010-writing-sciences).

Tabella 3.4. Linee guida su come revisionare un manoscritto nell'ambito della revisione tra pari.

Scrivi un breve riassunto dell'articolo e del suo contributo → Inizia con un paragrafo con i "Commenti generali"
Riassumi l'articolo nel miglior modo possibile in tre o quattro frasi. Quindi fai 2-3 affermazioni positive e incoraggianti in merito al lavoro svolto dagli autori (Es.: questo è un manoscritto interessante con diversi punti di forza).

Scrivi le tue critiche maggiori e minori all'articolo → Titolo: "Commenti specifici"
In un elenco numerato, fornisci 5-15 critiche/suggerimenti specifici per la revisione.
Evita di criticare gli autori! Critica le opere. Evita di dare "lezioni" agli autori.
Usa un linguaggio positivo anziché negativo ove possibile: es. "L'introduzione potrebbe essere migliorata…"
Ricordati che il revisore ≠ redattore di bozze!! Non passare il tempo a fare i pignoli. Fai notare che ci sono alcuni refusi nel testo che è necessario correggere.

Critiche maggiori all'articolo
Quando si fa una revisione tra pari, di solito si inizia con le questioni più grandi e si finisce con quelle più piccole. Ecco alcune maggiori aree critiche da considerare:
– Prime impressioni: la ricerca è originale, nuova e importante nel campo specifico?
– L'articolo è ben organizzato?
– L'articolo è ben scritto e di facile comprensione?
– L'articolo contiene tutti i componenti che ti aspetteresti (Abstract, Introduzione, Metodi, Risultati, Discussione e Riferimenti bibliografici)?
– Le sezioni sono ben sviluppate?

Sezione	Checklist
Abstract	<ul><li>È davvero un riassunto e di lunghezza adeguata?</li><li>Le parole chiave devono essere diverse da quelle del titolo.</li></ul>
Introduzione	<ul><li>L'autore fa un buon lavoro di sintesi della letteratura?</li><li>Segue la logica: Conosciuto → Sconosciuto → Scopo → Domanda/ipotesi di ricerca?</li><li>Le informazioni non direttamente rilevanti per l'ipotesi da verificare dovrebbero essere spostate nella discussione.</li><li>Gli autori indicano quali lacune della letteratura stanno cercando di colmare?</li></ul>
Materiali e Metodi	<ul><li>La metodologia è spiegata chiaramente?</li></ul>

	- Le misurazioni sono state effettuate in modo oggettivo o soggettivo? - Quali strumenti sono stati utilizzati? Sono stati convalidati? Sono misurazione affidabili? - Ci sono difetti nel disegno dello studio, come l'assenza di un gruppo di controllo o la mancanza di un'analisi della potenza a priori per stabilire la dimensione del campione? - Sono state descritte accuratamente le considerazioni etiche (consenso informato, comitato etico, ...)? - Leggere attentamente la sezione delle statistiche.
Risultati	- Leggete questa sezione con le tabelle e le figure davanti a voi. - Ogni sottosezione corrisponde grosso modo a una tabella o a una figura? Esse sono menzionate prima nel testo? - Gli autori completano le informazioni contenute nelle tabelle e nelle figure nel testo o ripetono i numeri già disponibili nelle tabelle e nelle figure? - Le figure e le tabelle sono indipendenti e raccontano una storia completa? - Il gruppo di "trattamento" viene sempre confrontato con un gruppo di "controllo" adeguato? - Gli autori interpretano in modo eccessivo la significatività statistica? - Gli autori hanno commesso errori di trascrizione nel passare dai dati delle tabelle/risultati all'abstract?
Discussione (e Conclusioni)	- Il primo paragrafo ti dice in modo conciso e chiaro cosa è stato trovato e cosa c'è di nuovo?

	<ul><li>Le conclusioni degli autori sono giustificate o sono eccessive?</li><li>Il messaggio da portare a casa è chiaro?</li><li>La scrittura è chiara e puntuale?</li><li>La discussione potrebbe essere accorciata?</li><li>Gli autori hanno affrontato le limitazioni non generiche?</li><li>I riferimenti che citano sono attuali?</li><li>Hanno omesso riferimenti chiave?</li><li>Sei convinto delle scoperte degli autori? Perché?</li></ul>

Critiche minori all'articolo
Una volta esposti i pro e i contro dell'articolo, si potrebbe evidenziare che, ad esempio, la tabella a pagina 3 è definita in modo errato, o l'autore ha scritto "compliment" invece di "complement" a pagina 7, o altre minuzie. Correggere questi piccoli errori renderà il manoscritto più professionale.

Commenti agli Editors (non saranno visibili agli autori)
Commento su novità e importanza.
Indicare se il manoscritto raggiunge una qualità accettabile per essere pubblicato.

Conclusione

Nel complesso, anche se scrivere un articolo da zero può sembrare un compito scoraggiante per molti giovani ricercatori, il processo può essere ampiamente facilitato da un buon lavoro di preparazione del progetto di ricerca e da un approccio sistematico alla scrittura, seguendo passo dopo passo le linee guida nei capitoli precedenti. Vale la pena di prendersi il tempo necessario per preparare adeguatamente l'articolo, perché vederlo pubblicato è una ricompensa gratificante. Dopo tutto, condividere le proprie conoscenze a beneficio di altri, contribuire a nuove scoperte su un argomento specifico e capitalizzare la propria ricerca con pubblicazioni su riviste scientifiche internazionali sono tutte componenti che contribuiranno al successo della vostra carriera. Quindi iniziate a scrivere perché queste linee guida vi porteranno passo dopo passo alla stesura e pubblicazione del vostro articolo!

Riferimenti bibliografici

Alvaro, R., & Vellone, E. (2011). *Manuale di pubblicazione dell'America Psychological Association*. Napoli: Edises.

Bahadoran, Z., Mirmiran, P., Kashfi, K., & Ghasemi, A. (2020). The principles of biomedical scientific writing: citation. *International Journal of Endocrinology and Metabolism, 18*(2).

Chidambaram, A. G., & Josephson, M. (2019). Clinical research study designs: The essentials. *Pediatric investigation, 3*(04), 245-252.

Daniel, W. W., & Cross, C. L. (2018). *Biostatistics: a foundation for analysis in the health sciences*. Wiley.

Faul, F., Erdfelder, E., Lang, A. G., & Buchner, A. (2007). G* Power 3: A flexible statistical power analysis program for the social, behavioral, and biomedical sciences. *Behavior research methods, 39*(2), 175-191.

Goldbeck-Wood, S. (1998). What makes a good reviewer of manuscripts?: The BMJ invites you to join its peer review process. *BMJ, 316*(7125), 86.

Gnisci, A., & Pedon, A. (2016). *Metodologia della ricerca psicologica*. Bologna: Società editrice il Mulino.

Hall, G.M. (2013). *How to write a paper*. Hoboken, NJ, USA: John Wiley & Sons.

Ntoumanis, N., & Myers, N. D. (Eds.). (2016). *An introduction to intermediate and advanced statistical analyses for sport and exercise scientists*. Hoboken, NJ: John Wiley & Sons.

O'Donoghue, P. (2012). *Statistics for Sport and Exercise Studies: An Introduction*. London, UK: Routledge.

Peacock, J. L., Kerry, S. M., & Balise, R. R. (2017). *Presenting medical statistics from proposal to publication*. Oxford University Press.

Shadish, W.R., Cook, T.D., & Campbell, D.I. (2002). *Experimental and Quasi-Experimental Design for Generalized Causal Inference*. Belmont. CA: Wadsworth Cengage Learrning.

Suiter, A. M., & Sarli, C. C. (2019). Selecting a journal for publication: criteria to consider. *Missouri medicine*, *116*(6), 461.

Thomas, J.R., Nelson, J.K., & Silverman. S. (2012). *Metodologia della ricerca per le scienze motorie e sportive*. Perugia: Calzetti & Mariucci.

Vrijhoef, H. J. M., & Steuten, L. M. G. (2007). How to write an abstract. *European Diabetes Nursing*, *4*(3), 124-127.

Zeiger, M. (1999). *Essentials of writing biomedical research papers*. McGraw-Hill Education / Medical.

Risorse online

- Scrittura scientifica e revisione tra pari

    - baq.bmsu.ac.ir/portal/file/?277491/how-to-write-a-paper-2013.doc.pdf

    - icmje.org/recommendations/browse

    - online.stanford.edu/courses/som-y0010-writing-sciences

    - researcheracademy.elsevier.com

- Ricerca bibliografica e stili citazione

    - ncbi.nlm.nih.gov/books/NBK7256

    - pubmed.ncbi.nlm.nih.gov

    - scholar.google.com

    - sciencedirect.com

- Statistica

    - ✓ faculty.ksu.edu.sa/sites/default/files/145_stat_-_textbook.pdf

    - ✓ jasp-stats.org

    - ✓ psychologie.hhu.de/arbeitsgruppen/allgemeine-psychologie-und-arbeitspsychologie/gpower.html

    - ✓ sportsci.org/resource/stats/index.html

- Software gratuiti di gestione bibliografica

    - ✓ mendeley.com/search

    - ✓ zotero.org

Indice delle tabelle

Tabella 1.1. Linee guida per la realizzazione di un progetto di ricerca ………………………………….. 7

Tabella 2.1. Linee guida per scrivere correttamente le sezioni del manoscritto ……………………………. 12

Tabella 2.2. Suggerimenti per l'uso dei tempi verbali nella scrittura delle sezioni del manoscritto …………… 20

Tabella 3.1. Linee guida per scrivere correttamente l'abstract …………………………………………… 36

Tabella 3.2. Linee guida per scrivere un titolo di successo …………………………………………….. 38

Tabella 3.3. Sintesi delle linee guida per la scrittura delle sezioni di una manoscritto …………………….. 43

Tabella 3.4. Linee guida su come revisionare un manoscritto nell'ambito della revisione tra pari ……..... 44

www.ingramcontent.com/pod-product-compliance
Lightning Source LLC
Chambersburg PA
CBHW070318220526
45465CB00004B/1895

Foreword

So, you want to make money in the laundry business, but you do not want it to be a full-time job. Maybe you have done some research already, and maybe not. No matter how far along you are in this process, this short guide will hopefully help to focus you and get you from where you are to where you want to be faster.

Let us start with expectations. This book will not have you operating a business that the public can walk into. You will not have a storefront. If you do everything exactly right, you still will not own a laundromat. Why not? Because that is not where the money is.

Copyright © 2021 LN Marks All Rights Reserved. This is a collection of ideas that have worked for me. It is not a guarantee of performance or success. Readers should collect information from a variety of sources before investing in any business venture.

I have been in this business for many years. I do not claim to know everything. I cannot promise you that the things that work for me will work for you. I will offer some absolutes. But I will also offer many options and leave it up to you to figure out what works for you. This should be just one of many resources you use to make money in this business.

So where is the money? Let us find out.

What is a Route?

Definitions

A few terms that you will need to understand before proceeding.

Route

A Laundry Route (or Route) is a collection of locations where you (the Laundry Route Operator) own washers and dryers and agree to split the revenue from those washers and dryers with whoever owns the property. This can be a hotel, campsite, apartment complex, RV Park, or anywhere else that might have people who are willing to pay to clean their clothes.

Laundry Routes come in all shapes and sizes. Some of the most profitable locations only have 1 washer and 1 dryer. Some locations, like large apartment complexes, may have dozens of machines spread across multiple rooms.

Equipment

When we talk about equipment, we are specifically talking about washers and dryers. These are the lifeblood of your Laundry Route business. It is not an understatement to say that choosing the right equipment can make or break your model.

Do not try to get too fancy, and do not give in to the urge to be cheap. It is possible to buy coin operated equipment from big box stores. Do not do that. You might save a few hundred dollars on the initial purchase. That is the last time you will save. Do not go all-out with multi-load machines designed for full laundromat use, either. The ROI (Return on Investment) is almost never there.

So, what should you buy? Good quality commercial versions of residential machines. Work with a distributor. The industry term for the time of equipment you want is:

Small Chassis

Small chassis equipment consists of top load washers, double load washers with an internal suspension (soft mount), and dryers. There are several brands that are of sufficient quality for use in a Laundry Route. Your local commercial laundry equipment distributor will help you decide which is right for you. If you do not know who that is, any major search engine will return good results for the search "laundry equipment distributor near me."

Ancillary Equipment

Ancillary Equipment is any equipment you install that is not a washer or dryer. This most often refers to soap vending machines and change machines. These are also items you can purchase from your equipment distributor.

Distributor

The laundry equipment business is similar to the automobile business. Each manufacturer selects a company to partner with to sell their equipment. For each brand, you will find a distributor assigned to your area. If you want Brand X, you have to work with the distributor who sells it. You cannot buy Brand X from Distributor Y.

Do not shop distributors on equipment price alone. You will rely on them for more than equipment. You will need to buy parts and supplies from them and may need their help with maintenance and repairs. Make sure your sales representative is someone you want to have an ongoing business relationship with. Make sure there is an office staff.

Some distributors are run by a single individual. Avoid these. If that one person is busy when you need something, you might just lose a deal while you wait for a return phone call.

Operator

This is you. The Laundry Route Operator is the owner of the business.

Theory

So now that we know the definition of a Laundry Route, and some other important terms, what is it really? A Laundry Route is the only way to be in the laundry business passively. Once you set up a Laundry Route, it takes very little time to collect your earnings, allowing you to focus on whatever else you want to. It literally makes money without you having to worry about it constantly.

Imagine a small hotel. Many of the rooms are rented by the week to construction workers, or farm workers. After working all day, they do not want to go back out to do laundry in a laundromat. It is too much work. You get the hotel owner to agree to let you place 2 washers and 2 dryers on the property, and in exchange you will give him half of the money. Once every month you stop in and collect the quarters. You swing by the office on your way out and give the owner his half. You take your half to the bank. Unless there is a maintenance issue, you are done working actively on this location until about this time next month. If it is a reasonably busy location, you might have as much as $200.

Now, imagine you have 10 of these locations, all within 30 minutes to one hour of each other. With one day of work, you could bring home as much as $2,000 every month. That gives you the rest of the month to do whatever you want. This is the freedom that you can achieve with a successful Laundry Route business.

So how does this work? Sometimes it is as easy as walking into a hotel office or apartment leasing office and asking if they are happy with their guest laundry. Sometimes it can be harder. But the more offices you walk into, the more opportunities you will discover.

Finding Locations

The most time-intensive part of this business model is finding locations. There is a lot of competition, especially in more urban areas. But that is okay, because a lot of the time the competition is lazy. So, you have to talk to people. You have to find out what they are not getting from their current provider. And then you have to figure out how to provide what they need.

Expiring Contracts

Many Laundry Route Operators use contracts. Once they have a signed contract, a lot of them do the bare minimum to keep the contract valid.

Machines might not get repaired in a timely manner. Customer refunds may not be handled efficiently. They might be impossible to get on the phone. If you can find out what customers do not like you can take over locations.

You need a system of organization to keep up with expiring contracts. Not just yours. Every time you talk to someone who says, "I would love to give you a shot, but I am stuck in a contract," ask for a copy of the contract. If they cannot or will not provide it, ask when it is up for renewal.

Be incredibly careful when looking at contract expirations. In some cases, the renewal period can come more than a year before the contract expires. Many times, if a cancellation is not requested during the renewal period the contract automatically renews. There are also specific methods for making notification about cancellation. Follow those instructions to the letter. Major corporate Laundry Route Operators will use any small trick to keep a customer locked in a contract. Do not get lazy with cancellations.

It is up to you to keep up with cancellation periods. Even if your potential customer is desperate for a new service that does not mean it is the top thing on their mind. Guest laundry is one of hundreds of things they have to worry about. So, if you keep up with when their cancellation period will start you can help them remember. This is a long-term strategy that pays off if you will just stick to it.

New Locations

Some of the easiest Laundry Route locations to get set up in are small hotels and apartments. This is because your bigger competitors have written these locations off as too small to be worth it. If you find a small motel or hotel offering weekly rentals and they do not have guest laundry, offer them a deal. It might be worth it to pay to have the utilities put in place. Or maybe let them have 75% of the revenue for the first 3 months. The important thing is to get established. If you are signing them to a 10-year agreement, why would you not invest a little extra on the front end?

But wait! Before you start planning to spend all of that money, finish reading. You may discover that this is not the strategy for you.

Do not forget that this is a numbers game. Not everyone you talk to will want to use you for their laundry needs. So, talk to more people. Learn how to sell the idea. Learn how to negotiate. Be creative. Find places your competitors do not think to look for locations. The more people you talk to the more locations you can sell.

Move Quickly

When you do get someone to agree to let you install equipment, be ready to move quickly. Have cash available so that you are not bogged down with finance paperwork and approvals. Have your distributor already lined up. If you are paying the distributor to deliver and install the equipment be sure you know their lead times and can set your customer expectations appropriately. The market is already flooded with Laundry Route Operators who promise the world and then do not follow through. You cannot build a good name for yourself and your business if you do not make and keep realistic promises.

Be on site for the installation even if you are not doing it yourself. That way if there is a problem you can handle it immediately. Make sure the property owner and any staff know how to use the equipment in case their guests have questions. Make sure everyone knows how to handle reporting machine issues and how refunds are supposed to be handled. And, perhaps most important, make sure that you get every single copy of the keys to the coin boxes.

Follow Up

Whether it is checking back on a location where you could not get in front of the decision maker or checking on your new install, follow up is critical. Remember, many of your competitors are not good at taking care of their customers. Set a high bar and no one will steal your locations from you. Do this and your referrals will snowball your business.

In hotels and apartment complexes you will often talk to someone who does not have the authority to approve anything. You have to convince them to help you. You need to know when the best time is to come back, and get them to introduce you to the right people. The best thing you can do is slow down. You should always treat the person you are talking to as if they own the place. Get their name. Remember it. Write it down if you have to. Make them feel important. Do this and they will open doors for you and help you secure the location. On the other hand, these people will know if you are impatient or just using them to get to the manager. So please be sincere. Just like they can be your biggest ally they also be your biggest roadblock.

    You should always do a follow up visit to any new location within the first week after installation. Make sure everything is working right. Make sure there are not any complaints. A good rule of thumb is to treat everything that is not a gushing positive review as a complaint. Make people happy if you want to make money. The last thing you want is to show up a month in to collect and find out no one has used the equipment for a silly reason. Catch problems early and they will not cost you business.

Contracts

Earlier we covered that some Laundry Route Operators use long-term contracts in securing their locations. Others use month-to-month agreements.

There are many advantages to long-term agreements, but the market nationally is starved for Laundry Route Operators who are willing to offer Laundry Route service on a month-to-month basis. Too many customers have been burned by being locked into a contract that they cannot get out of that does not provide good service.

Let us do some more imagining. You are talking to a hotel owner who got burned by a bad contract. He does not want to have to think about guest laundry. He wants it to be a benefit for his customers, and he wants it to pay him enough to cover the utilities. But he is not about to sign another contract. You show up and tell him that you will put in equipment. You tell him that you will guarantee him, in writing, that if he is not happy all he has to do is let you know. If he tells you he is not happy, you are out within 30 days.

If you can do this from a financially comfortable position, you can get a location any time you want one. All you have to do is stop in and talk to enough unhappy owners and managers.

Whether you implement month-to-month or long-term agreements, the paperwork template you use for each location should be reviewed by an attorney. It is worth the investment of one hour of attorney's fee to make certain your agreement is valid and enforceable.

Exception

Important Note

I reluctantly included the following section here instead of in a future book. Payment systems can and do add many layers of complexity in Laundry Route locations. I do not recommend getting involved with payment systems on your first location. The learning curve is too steep. You will upset your customer. You will tarnish your reputation before you even fully establish your business. It is a terrible idea.

If you come across a location that needs a payment system before you are ready to tackle the learning curve, consider wholesaling it back to your distributor. Let them know you have a location you cannot personally handle. Negotiate a commission for referring it back to them. Keep in mind, this only works if you scouted the location yourself. If your distributor gave you the lead, you should not expect that they would buy it back from you. But if, all on your own, you came up with a location that needs more than you can comfortably provide, by all means see if your distributor wants to take it on in exchange for a commission or referral fee. There is nothing wrong with making a few quick dollars and passing on the long-term commitment.

Now, if you are dead set on ignoring this valuable advice, and you insist on taking on a payment system in your first location, here is some important information to keep in mind.

The one scenario in which you should ALWAYS require a long-term contract is when dealing with a property that wants a non-coin payment solution. Non-coin solutions include tokens, apps, and card systems, and will be covered in detail shortly.

Any system beyond just quarters will cost additional money initially. This can significantly extend your break-even point for a location and in order to protect yourself you will need a contract in place.

Some things to consider when having a contract drafted for this purpose are:

> ***Non-refundable cash on the front end**. Depending on the system that meets your customer's needs, you can almost double the size of your initial investment in a location. Requiring the customer to pay something up front can help offset these costs. It can also give the customer time to reflect on whether or not an expensive payment system is really what they need.
>
> ***Early termination penalty**. You can still offer the customer an early 'out' on the contract. They just have to agree from the beginning to pay a penalty that offsets your expense on an add-on payment system. This can be a flat rate for the life of the contract, or it can be graduated down over the life of the contract.
>
> ***Uneven revenue splits**. When you add a payment system to a location, your costs and maintenance requirements go up. At the same time the

customer's obligations remain static. It is therefore not unreasonable to adjust your revenue split in these instances, taking more than 50% for yourself. This must be specified in the contract if you choose to do this.

*Reconciliation and accountability. Trust is the foundation of your business, and your contract is just the document that outlines how trust is established and maintained. If you are using a payment system that takes credit/debit payments, whether it is an app or a card system, there must be a well-defined method for reporting that income to your customer. Ideally the system you use will provide reports that you can automatically share directly with your customer. If they get an automated weekly e-mail showing revenue, and a monthly summary of revenue, then their expectations will be met perfectly when you hand them a check for non-cash transactions. Keep in mind that you may need time after the end of a month to reconcile your own accounts. It may be beneficial to implement a 1-month delay for payment of non-cash revenues.

A final note: these ideas should be a starting point for discussion with your professional team. I am not an attorney. I am not a Certified Public Accountant. I am not a Realtor. I am not an insurance agent. I am just someone who has been in the business for long enough that I have collected knowledge I want to share. Always consult with relevant professionals before implementing any advice you read here or anywhere else.

Money

You are considering doing this to make money, right? Well, take your money seriously. You need to have active awareness around security at all times. You need a plan for every possible scenario. And you need to make sure the people who want to give you money in exchange for the use of your machines have the ability to do so easily.

Security - Money

If you are buying vended equipment, you will also be buying money boxes. There are two theories when it comes to how to get your money boxes keyed.

The first theory is that you want to be able to collect as quickly and efficiently as possible. Because of this you buy all money boxes for a specific location keyed alike. This way you can keep the spares in a secure location and have only 1 key on your key ring.

The second theory is that every box should have its own individual key. This way, if you lose a key you only have to replace one box, instead of every box.

There are pros and cons to both methods, but wither way this is something you need to decide early in your Laundry Route career. You want consistency across your locations. If you scale large enough, you will have staff. It is easier to train staff on a single procedure.

In some locations, vandalism is prevalent enough that you need additional security. Most major brands of equipment come with holes pre-drilled near the coin box vault. This allows you to place a secure lock on the machine that must be removed before the money box can be removed.

Keep in mind that very often vandalism results in the destruction of your machine. If a vandal manages to get to the coins, you will likely have enough damage that the machine must be replaced. If you are considering a high-risk location, be sure the returns will justify the costs associated with any vandalism.

Keep in mind also that security measures will not prevent theft. The idea behind your security on money boxes is to slow the thieves and vandals down. If it takes them 2 hours to break into a machine for $10 in quarters, they will not bother a second machine. But please do not allow yourself to think that your machines cannot be broken into. They can be. If you stay in the business long enough, they will be. Be ready for it. It will still be a horrible experience, but better to have a horrible experience you expected than one you thought you would never encounter.

Security - Personal

If you take your personal security seriously, you will likely never have a problem. If, Heaven forbid, you do get robbed, the first and most important thing to remember is this: the money is not worth fighting for. Always comply respectfully with robbers. You can make more money. Get yourself out of danger as quickly as possible.

The single best defense against robbery is an unpredictable schedule. If they do not know when you are coming, they are not likely to wait around and hope you show up. Vary your schedule.

If at any time you ever feel uncomfortable, trust your gut. Leave and come back later.

There are arguments for and against carrying firearms and other self-defense tools. That is a topic for a different book.

Limiting the amount and bulk of currency you are carrying can also be helpful. For high-volume locations, consider adding a change machine. The quarters you pull from washers and dryers will be used to restock the change machine, and you can secure the bills from the change machine in your pocket discreetly.

Also, refer to the section on non-cash payment systems for ideas on how to reduce all forms of cash in your locations.

Banking

Chances are, if you are successful (and you are taking the time to study, so you should be!) you will end up with quarters that need to be deposited in your account. Many banks turn their noses up at loose change deposits, so you will need to shop around for a bank that is willing to work with you on your terms. Local banks and credit unions are often much more willing to be helpful than the big national brands.

Make certain that your account will not be subjected to any of the following:

> *Deposit limits
> *Fees for coin deposits
> *Transaction fees

An important note on banking: you should have an account that is solely for your Laundry Route business. This is critical for your protection. If a customer claims you are shorting them, clean banking records can help you avoid a lawsuit. Do not commingle non-route money of any kind with your Laundry Route money. This also matters for tax purposes.

Taxes

Taxes. One of life's two certainties. You absolutely must pay close attention to taxes. Work with a Certified Public Accountant or other tax professional from the very beginning. If you screw this up, the Internal Revenue Service will screw up your business.

You can be absolutely certain that your customers are reporting the income from your revenue split. You need to be able to back that revenue up in your books, and you do not need to keep separate books for "real income" vs "reported income." This is stupid. The money you save on taxes will be lost elsewhere. Like in the time it takes to keep two sets of books.

If your Laundry Route becomes a significant portion of your personal income, which it can easily do, you will need to file quarterly estimates with the Internal Revenue Service. Here is where having clean banking records can also be especially important. Unless you are just a very highly organized, diligent bookkeeper, I recommend a separate business account for estimated taxes. Every month when you reconcile your books, move your estimated taxes to that account. That way, when it is time to pay, the money is already set aside. If you take this simple step, you will almost never have any reason to stress over taxes.

Splitting cash

Many of the big corporate Laundry Route Operators send an employee in to collect quarters from their locations. This employee shows up, collects the money, and leaves without saying a word. Sometimes no one knows they were there. Then, in a month or two, a check shows up with the revenue split.

If you are going to effectively compete against the established corporate Laundry Route Operators, you have to do better than this. Stop in the office as soon as you arrive and ask if there have been any issues. Let them know you are there to collect. Offer to let them see you open the machines. If they want to split the revenue right then, you should find a way to accommodate them.

If you do have locations that prefer an immediate split, it may be wise to invest in either a quarter scale or a machine that counts quarters. It can take hours to split by hand, and you are not getting into this business to spend hours sorting coins. Ask your distributor what options they have available for counting quarters quickly and accurately.

If you are taking all of the money back to your office and sending a revenue share check at a later date, still let the owner or manager see how much you collected. Tell them if it looks like it was a good month. Also tell them if there was a machine out of order and the collection appears to be lighter than normal. Setting those expectations early will help avoid any suspicion later on.

Ancillary Equipment

As defined at the beginning of this book, ancillary equipment is any equipment you install that is not a washer or dryer. This most often refers to soap vending machines and change machines. If your Laundry Route location is not within walking distance of a dollar store or convenience store, you may want to consider adding one or both of these items.

Soap vending machines can have as few as 2 options for products, and with modular construction can add as many additional options as you feel will be necessary. Just remember that these products have to be purchased and stored and accounted for as inventory. A machine with 4 options is usually the right choice for most Laundry Route locations. The specific brand of soap you provide does not particularly matter. The broad product categories you want to hit are: detergent; fabric softener; bleach; dryer sheets.

We will cover pricing in another section, but do not be afraid to charge a premium for these items. Inventory is expensive to keep on-hand, and the people buying these products will pay a higher price to avoid having to leave the property for soap or dryer sheets.

Change machines are technically not revenue producing. A customer puts in a dollar bill and gets 4 quarters. The change machine did not actually make any money. But if that customer chooses to skip doing laundry because they do not have any change, you lost out on potential revenue. You should consider the possibility that you will need a change machine in every location and plan your budget accordingly.

Depending on the location, you may want to alter your revenue split to account for the change machine's cost. In others, it may be in everyone's interest for you to sell or lease the change machine and let management handle keeping it stocked. It is absolutely okay to get creative if everyone's ultimate goal is to make it easier for end-users to do laundry using your equipment.

Laundry Carts are sometimes requested by a property. Do not lease these. Under absolutely no circumstance should you provide them at no charge. If a location wants carts, work with your distributor to sell them carts. Whether you buy and resell at a higher price or have your distributor handle the sale and accept a referral fee, the idea is that you do not own the carts. You are not responsible for stolen carts. You do not have to repair broken carts. And if someone gets injured by a laundry cart, you are not liable.

Insurance

Whether you are on a month-to-month agreement or in a long-term contract, insurance is critical. It will be expensive for your first locations. Buy it anyway.

You should also have the attorney who drafts your agreements include language requiring that the property carry insurance. Just like the property would expect you to bear responsibility for damage caused by your machines, so too should the property be responsible for any damage cause to your machines by problems elsewhere in the property.

Find an independent insurance broker who can shop multiple providers for your business insurance. This is another area where your equipment distributor can be a great asset. They likely know at least one broker who is familiar with writing policies for Laundry Routes and will be happy to give you a referral.

Payment Systems

Payment systems are constantly evolving. Quarters still dominate the industry, but more and more customers are looking for additional options for how they pay to start washers and dryers. There are three broad categories of payment systems that will be outline here: tokens, card readers, and apps.

Tokens

Tokens are uniquely designed coin-like objects that are unique to a specific property. The coin drops or coin slides on each machine are designed to only accept a specific token style, and the change machine is configured to dispense that style of token.

There is an up-front cost to tokens. You have to buy the tokens themselves. You must also buy the coin drops, coin slides, and changer modifications to dispense and accept the tokens.

There are several advantages to tokens. If a property wants to be able to give out free laundry starts to residents or guests, they can purchase tokens from you at a discounted rate. In this way you still receive your portion of the revenue for the use of your equipment, and the property can do as they please with the tokens they have purchased. Once a token has been purchased, the money in the change machine is yours, whether they use the token or not. This means that token change machines can be revenue-positive for your location. And with tokens you can create additional pricing flexibility by changing not only the number of tokens required to start a machine but also the number of tokens dispensed per dollar by your change machine.

One of the major downsides to tokens is that if your change machine malfunctions, your location is unable to generate revenue until you repair the change machine. This can be devastating to your income.

Card Readers

There are, at the time of writing this, dozens of companies producing solutions for adding card readers to laundry equipment. We will break these into 2 sub-categories, dedicated and hybrid systems.

Dedicated Systems

With a dedicated, or closed loop, card system, end users must purchase and add value to a card to use your equipment. Some of these systems allow use of a debit or credit card to purchase and add value to a system card. Similar to tokens, if your card transaction system fails, your equipment is unusable. With card systems, an Internet or computer crash can also take you offline. It is critical that you have systems in place for handling crashes. If your equipment stays unusable for exceedingly long amounts of time, people will just always assume it does not work. You will have a failed location. An awfully expensive failed location.

Card readers, card transaction systems, and the cards themselves all cost money. Refer back to the section on contracts for ideas on how to protect your investment if you move forward with one of these systems.

On the benefits side, a card system generates what is called a 'float.' This is money that has been loaded onto system cards but not yet spent. It is effectively an interest-free loan from the end-users of the equipment. You will want to handle float in your contract. Will you split the float with the property? Or will you run reports and only share revenue from actual machine starts? This needs to be very clear from the first draft of the contract.

If you do keep the float entirely for yourself, you should talk it through extensively with your Certified Public Accountant. In bookkeeping terminology, float is not an asset. It is a liability. It is money you have received in exchange for a promise of future service. Your Certified Public Accountant will be able to help you properly document and account for float.

Hybrid Systems

Hybrid systems allow for either card or coin payment. With many of these systems, end-users can swipe their own debit or credit card directly on the machine card swipe. This eliminates the need for a card transaction system. However, some Laundry Route Operators choose to also have a card transaction system for their hybrid system.

The biggest benefit of a hybrid system is that multiple payment acceptance translates into less down-time if there is a system crash or Internet crash. End-users can still use quarters to start machines. Your location is not completely unusable.

Be aware of transaction fees and holds with these systems. Have you ever used your credit card at a gas pump and gotten a $75 hold on your account even though you only bought $20 worth of gas? Hybrid systems that allow credit or debit card use directly on the machine have similar hold. Some are as low as $5, some as high as $15. You need adequate signage to explain this to customers to avoid any unwelcome surprises.

Apps

Apps, or phone applications, can be both the least expensive and most effective methods of adding payment systems to your equipment. At the time of writing this, technology is such that I only recommend apps in a hybrid environment. End-users should be able to use quarters or the app to start equipment, not just the app. There is too much risk of connectivity issues to rely solo on app payment.

My favorite benefit of phone applications is that they allow for credit and debit card usage without requiring an Internet connection provided directly into the laundry room. The customer's phone acts as the network gateway. This reduces the costs associated with adding credit and debit card acceptance substantially.

If you have to add a non-coin payment option to a location, I encourage you to look at available app systems first. Just beware; there are some companies that offer free app equipment in exchange for a lengthy contract. These are always a bad idea. They would not give the equipment away if it were not to their benefit. Avoid anything that sounds too good to be true.

Nuisance Calls

It is inevitable that one day you will get a call from a property saying that there is a problem. When you arrive, you will discover that there was not actually a problem, or that the problem was in no way your responsibility.

There are hundreds of stories about locations claiming that dryers do not work. In each of them, the Laundry Route Operator arrived to find that the hotel did not have their gas turned on. This is known as a nuisance call.

Your agreements with properties should address nuisance calls. I recommend giving the first one for free, and then charging a fee after the first one. The charge should be high enough to discourage future nuisance calls, but not so high that the property decides to stop reporting issues altogether.

Final Thoughts

Remember that you are building a business with your name attached to it. It costs nothing to be kind to people. In fact, it helps you build the business. If you treat your distributor well, they will send you location leads. If you treat your customers well, they will refer you to their business associates. If you treat staff well, they will introduce you to important people, and give you glowing recommendations.

Have a plan. This short guide offered many options, not a set method for how to build a Laundry Route. So, create a plan. Stick to the plan. If you find that something is not working, change the plan. But then once you have changed the plan, stick to the new version.

Assemble a team. Your team is not a full-time staff. They are professionals you will occasionally lean on for their expertise. You need an attorney to review your contracts and any other paperwork that gets signed. You need a Certified Public Accountant to help you keep proper books and avoid issues with the Internal Revenue Service. You need an equipment distributor you can trust to supply the products you need when you need them. You need an insurance broker who can quickly write high-quality, low-cost policies for new locations. You need a banking partner who wants to earn your business.

Once you have the right team in place, you only have to go out and find locations. If you start today, you could be collecting your first full month of revenue from your first location before you know it. What is stopping you from getting started right now?

I hope you have enjoyed reading this brief guide. If you have questions or suggestions, please do not hesitate to send an email to thelaundrynerds@gmail.com.